JN418683

# 당신에게로 가는 길

백요섭

경북 포항 출생
1997년 〈이민문학〉에 시 부문 우수상으로 등단
2007년 '뿌리문학상' 수상
한국 기독교 문인협회 회원, 미주 크리스천 문학가협회 회원
서북미 문인협회 회원, 뿌리문학 동인

단신에게로 가는 길

초판 1쇄 인쇄 : 2008 년 3월 15일
초판 1쇄 발행 : 2008 년 3월 15일

지은이 | 백요섭
펴낸이 | 김정옥
디자인 | 윤용주
펴낸곳 | 도서출판 우리책

등록 | 2002년 10월 7일(제 2-36119호)
주소 | 서울특별시 중구 신당 3동 373-20
전화 | (02) 2236-5982
팩스 | (02) 2232-5982


ISBN 89-90392-17-9 02890



값 / 7,000원

# 당신에게로 가는 길

백요섭

우리책

시인의 말

# 사랑합니다

계절이 지나간 자리에는 언제나 아득한 아쉬움이 남습니다.
매번 앓아 온 속앓이이지만 그래도 내일을 벗 삼아
시간의 허기를 달래며 이 곳까지 왔습니다.
지나간 시간의 흐름을 잊을 수 있는 용기만큼이나
무거운 마음으로 보낸 한 해였습니다.
언제나 빈손을 내려다보며 허탈한 마음을
속살처럼 내보이며 웃고 마는 어리석음!
이제는 고독한 웃음으로도 새로운 길을
걸어갈 수 있을 것 같습니다.
뒤돌아보지 않고도 깊숙이 묻어 두었던
설움의 노래들을 부르며 생명처럼 소중한 시심(詩心)을
일구어 내어 나그네 인생길 지친 벗님들에게
샘물처럼 맑게 다가가고 싶습니다.

살아간다는 게 늘 그렇듯이 때론 힘에 부쳐서
지친 적이 많았고, 때론 가슴이 아프다 못해
아린 적이 있었습니다. 그렇게 나그네로 살아 온
세월이 만들어 낸 껍질 같은 나이테,
그리고 마음의 상처도 아물어 흉터처럼 남아 있는 지금,
그 그리움들을 눈물처럼 훔쳐내면서도 잊어버리지 않았던
시심을 보듬어 안고 몸부림치며 살아 온 삶의 자국을
이렇게 아름답고도 소중하게 몇 편의 시(詩)로
빚어내어 곱디곱게 엮었습니다.
"더 늦기 전에 더 늦기 전에" 라고 되뇌면서
이제껏 내가 사랑했던 사람들,
아니 부족한 나를 한결같이 사랑해 주었던
모든 분들의 품에 이 작은 신물을 안겨 드릴 수 있어서
너무 행복합니다.
그리고 샘물처럼 맑은 사랑으로 더 많이 사랑할 겁니다.

2008년 초봄에 **백요섭**

• 축시 — 餘香 김세영

# 내 사랑 닮은 눈꽃아

달콤하고
뜨거운 사랑
포근하고 따스하게
송이송이 시가 되어 내리는 눈
내게 오실 사랑하는 당신을
맞이하기 위한 눈부심인가요

쏟아 내고
털어 내면 그뿐
다신 달라붙지 않는
하얗게 피어날 줄밖에 모르는
순결하고 단순한 하이얀 눈

소리 없이
가만히 쌓여서
무게와 깊이를 이루어내고
사랑을 위해 하얀 고집을 꺾고
끝내는

녹아버릴 줄도 아는
내 사랑 당신처럼 부드러워요

오들오들 떠는
가여운 내 그리움
포근하게 저 눈밭에 눕혀 놓고
아무도 밟지 않은 눈 위에
소녀의 초경 같은 첫 그리움으로
당신의 이름을 쓰겠어요

자꾸
쌓이는 눈 속에
당신 이름은 고이 묻히고
무수히 피어나는 눈꽃 속에
하얀 눈물로 기다릴게요
언젠가
당신 만날 그 날까지…

# 당신 곁이라면 좋은걸요

내가 죽어
또 다른
세상이 있다 해도
지척에서
당신을 바라볼 수만 있다면
그 길을 택하겠어요

쏟아지는 비를
피할 겨를도 없이
온몸으로 맞아야 할
새가 되어도
당신 곁이라면 좋은걸요

망망대해에 떠 있는
일엽편주처럼
파도에 몸을 맡겨야 할

나룻배라도
당신 곁이라면 좋은걸요

당신 곁이라면
적어도
호흡 곤란으로
힘들진 않을 테니까
그 무엇이 되어도
당신 곁이라면 좋은걸요

## 축시 · 내 사랑 닮은 눈꽃아

## · 당신 곁이라면 좋은걸요

## 당신에게로 가는 길

# Loreley

소리 없이 부르는 노래
영겁의 세월을 기다림으로 얼룩지어 놓고
가슴에 파인 상처 굽이치는 파도에 지워가며
라인 강 기슭에 스미는 구슬픈 노래 노래 노래
목메인 Loreley 애달픈 기다림 뒤로 하고
무심한 물길은 검은 머리를 풀고 흘러가네
외로운 Loreley!
오늘도 깎아지른 언덕에 홀로 앉아
출렁이는 머릿결 흩날리며
전설 같은 기다림에 목이 메네

## 고향의 가을

문득 가던 발걸음을 멈추고 서서
뒤를 돌아보노라면 나는 어느새
멀리 떠나 버린 그리운 고향 집 앞에 다다릅니다
그리움에 묻어오는 가을 내음이 한 움큼 추억이 되어
비어 있는 가슴으로 파고듭니다
뒷산 능선에서 하늘거리는 억새는
지금도 하얀 속살을 드러내 놓고도 태연히 춤추고 있을까요?
억새숲 속에 나란히 묻혀 앉아서 두 손 맞잡았던 그 소녀는
아직도 해맑게 나를 바라보며 웃고 있겠지요
내 고향은 그래서 가을에 더 그립습니다
그래서 내 고향은 가을에 더 가까이 다가옵니다
한여름 내내 동구 밖을 버티고 섰던 고목의 붉게 충혈된 낙엽이
살점처럼 떨어져 뒹굴며 동장군이 들이닥치기 전에

불러야 할 장렬하고도 슬픈 노래 소리가 내 영혼에 들려옵니다

이국의 가을이 옷자락을 여미며 담벼락에 기대어 서서

그리움의 담배 연기를 한입 가득 피워 올립니다

## 세월 무상

저만치서 세월이 갑니다
구름처럼 강물처럼
매몰찬 바람처럼 세월이 갑니다
흘러서 머물 곳이 그 어디멘지
황급히 가면서 나를 밀고 갑니다

칭찬의 말로 행복했던 때도
비수처럼 가슴에 꽂히는 비난으로
마음이 무너졌던 절망도
구름처럼 강물처럼
바람처럼 무심히 흘러갑니다

인생도 흘러가고
세월도 흘러갑니다
수많은 사람들이 시간의 강물에
떠밀려 흘러갑니다

누구도 기억해 내지 못할
삶의 흔적을 붙잡고 몸부림치는 나도
계절의 고개턱을 당당히 넘어갑니다

빼앗기고 씻기고 비워 내서
가난하지만 깨끗한 마음으로
구름처럼 강물처럼
바람처럼 흘러갑니다

## 첫서리가 내린 날에

사랑하는 이여!
맑고 순결한 영혼으로
긴 세월의 사랑이 녹아 있는 언어로
오늘은 당신의 이름을 애타게 부릅니다
너무너무 그리워서 붉게 충혈된 사랑으로
당신의 마음에 하얀 입김으로 다가갑니다

그 긴 시간의 알갱이들을 그리움의 색깔로 그려 넣고
오늘은 한 송이 이름 없는 들꽃으로 미소 짓습니다

사랑하는 이여!
한 잎 한 잎 불그스레 묻어나는
당신의 향기로 인하여
나는 서리 맞은 잎새로 무너져 내려앉아 있습니다

사랑하는 이여!

이 계절에는 내 마음의 정원을 거닐어 오십시오
그래서 지워도 지워도 지워지지 않을 하얀 발자국을 선명하게 남기십시오
발길에 속없이 채이는 낙엽에다 사랑의 약속을 새겨 넣으십시오
그리워서 마음 가누지 못하고 열기처럼 한숨을 내쉬어야 할 긴긴 밤에
차곡차곡 꺼내어 당신 가슴에 소중히 챙겨 넣으십시오

사랑하는 이여!
차가운 계절의 바람이 마음을 헤집고 지나갈 즈음에는
괜스레 외롭지 않던 사람에게도 조금씩 조금씩 외로움이 쌓여 가는 계절입니다
그 때 두 손 맞잡고 첫사랑의 향기에 얼얼히 취해 보십시오
고달픈 삶의 상처도 행복의 미소로 채워 갈 우리의

사랑방에서
진한 커피 한잔에 녹여 가십시오

사랑하는 이여!
살아 온 날들을 감사하는 기도가 따뜻하게 드려지게 하십시오
시리게 순결한 가을 입김으로 따뜻해지는 아침에는
당신이 더 그리워 두 손을 호호 불며 골목길을 기다립니다

## 기다림 1

한나절 바랜
시월의 해가 기울어 가도
안마을 소복한 연기는 오르지 않는데
왠지 오늘은 새벽까치가 울고 가길래
긴 목 사슴이 되어
되도는 골목길 지키고 있네

## 아! 6·25 (휴전선을 다녀와서)

흐르던 피가 고이고
총성이 진동하던 산하에
지친 병사의 신음 소리가 들리는구나
들국화 흐드러진 계곡에 비목을 세워 놓고
맴도는 설움 눈물에 담는다
세월의 껍질이 겹겹이 벗겨져도
멈출 수 없는 눈물이 있었구나
메아리 되어 떠도는가
한 마리 학이 되어 노송에 앉았는가
목 놓아 한 맺힌 세월을 통곡하노라
젊은 뼈 마디마디를 꺾어
세월의 선명한 자국을 남기는구나

## 더 많이 사랑

아직은 더 많이 그리워해야 할 당신의 초상을
기다림의 선반 위에 올려다 놓고
온갖 상념으로 다소곳이 다가갑니다
스스로는 멈추어지지 않을 여울물처럼
당신과 나는 또 하나의 생명을 잉태하고
아직은 더 많이 느리게 가야 할 뭉게구름 같은 마음을
운명이라 여기며 작은 두 손을 모아 기도 올립니다

앞서거니 뒤서거니 따가운 가을볕에 그을리며
결코 무너져 내리지 않을 소중한 꿈을
속 깊은 당신 가슴에 새겨 나갑니다
살아가다 보면 원치 않는 일들이 지레 앞서가며
가는 길 막아설 때에라도 어설픈 몸짓으로
쉽지 않을 미소로 서로에게는 바보가 되어 주는 사랑이기를!

굳이 붙잡지 않아도 여울물처럼
가까스로 와 닿을 사랑의 인연을 위해
마주 잡은 두 손이 부끄럽지 않을 만큼만
기다려 주고 믿어 주고 사랑할 수 있다면
우리 사랑 더 많이 소중할 겁니다

조금씩만 더 따뜻한 온기로
서로의 가슴을 어루만지며 다가가 앉으면
내 당신에 녹아들고 당신 내게 녹아들어
어느 봄날에 또다시 피어난 봄꽃이 될 것을!
사랑하고 사랑하다 그래도 못다한 사랑이 있다면
더 많이 사랑하고 불태워도 시원치 않을 우리 사랑!!

# 런던의 크리스마스

눈이 내린다
밤을 하얗게 태운 몸부림으로
어르렁거리더니
주먹만한 눈이 내린다
가슴이 저려 오는 계절의 길목에서
나는 또 무엇을 헤아려
나의 주머니에 넣는가
엉킨 실타래처럼 시간의 쳇바퀴는 돌아가도
풀리지 않는 숙제들
아! 이 길목을 벗어나면
쏴한 가슴으로 또 다른 오늘을
마중할 수 있을까

## 새벽안개

지나는 길손도 없는데
온몸을 휘감는 치마폭 같은 안개
파도에 밀려 텅 빈 조가비의 가슴으로
희미해져 버린 초상을 본다
어젯밤 취한 주점의 취기가
아직도 얼얼한데
왠지 이 아침에는
넉넉한 마음으로 길 떠나고 싶다
여인의 치마폭 같은 아침 안개를 풀어 가면서

# 세 월

한이 많은 사람이
한숨 쉬는 날
등줄기 깊은 골에
송골한 땀이 맺힌다
일평생 지고 가는 나만의 짐
이마의 주름만큼 새겨진 아픔들
한 골 한 골 메워 나갈
나의 정갈한 언어들이여

## 런던의 아침

런던의 아침은 늘 어두워 시작한다
늘 상처를 쏟아내는 설운 이들의 눈물이 되어
안개처럼 무너져 내리는 비
가을에 오는 비는 겨울의 전령이라 했던가
마지막 잎새가 되어 뒹구는
낙엽 한 잎에도 나그네의 몸부림 같은
안타까움이 묻어난다
런던의 가을 아침은
그래서 스산스레 울며 오는가 보다

# 오월 회한

볼멘 망아지 한입 머금은 꿈을
아지랑이 아련한 품에 안겨 보낸다
어둠의 시간은 여울물처럼 흘러가고
설익은 햇볕에 가슴을 채운다
긴 산허리 감아 도는 나른함이여
어서 가거라 미련 없이 가거라
흔적 없이 피어오르는 아지랑이에
어둠도 씻어 내고 가슴 적시리라

# 나그네

I

단 한 번의 흔들림으로도
갈대는 하이얀 솜털을 다 날려 보낸다
뿌리째 흔들리는 아픔을 딛고
질긴 목숨의 끈을 잡는다
유유히 흘러가는 시간의 물결 속에
아픈 상처 씻어 내고서야
긴 시간의 고뇌에서 벗어나리라
가끔씩 와 닿는 차가움이
흐트러졌던 삶을 추스르게 한다
그래서 나그네는 내일을 향해 길을 떠난다

II

또 한 번의 몸부림으로
기약 없는 나그네는 짐을 챙긴다
애를 끓는 아픔을 삼키며

먼 하늘만 바라보고 무심히 걷는다
의미 없이 쏟아지는 은하수를 맞으며
나그네는 설움을 곱씹어 삼킨다
미움도 설움도 뒤로 하고 밤을 가르며
약속의 땅을 향하여 달려가리라
역마살이 끼어 나그네련가
곤한 인생길에 옹달샘 같은 쉼터를 찾아
나그네는 또 다른 길을 떠난다

# 기다림도 행복입니다

당신을 그리면 당신은 어느새
해맑은 미소로 따뜻이 내 마음에 담겨옵니다
태평양 바다를 건너서 쪽빛 그리움으로
익어 가는 기다림이 내겐 또 하나의 행복입니다
기다림만큼 소중한 사랑으로
속앓이한 만큼 애절한 그리움으로
나의 당신은 맑고 하이얀 눈꽃입니다
오늘에서야 당신을 향한 그리움이
고통이 아니라 행복인 것을 알았습니다
애끓는 아픔으로 몸부림친 시간이
당신을 사랑한 내 마음의 열정인 것을
오늘에서야 알았습니다
하여 내 당신이여, 기다림도 내겐 행복입니다

# 겨울 바다

내 어린 시절의 날갯짓은
늘상 어설프게 파도의 언덕을
힘겹게 넘었습니다
그래서 겨울 바다에 검푸른 물이 들 때쯤엔
나는 외롭게 슬픈 노래를 불렀습니다

고즈넉이 모래 언덕에 걸터앉아
파도에 쓸려가던 내 고향의 노래를 붙잡아
구슬픈 곡조로 잊혀진 고향을 향해
밀려가곤 했습니다

산산이 부서진 세월의 조각들을 건져 올려
물끄러미 내려다보노라면
마음의 바닥에 깔려 있던 그리움이 다시 꿈틀거리고
구만리를 날아 지친 날갯짓에 구슬픈 갈매기의 노래로
겹겹이 사무쳐 웁니다

이제는 차가운 기운에 지친 날개 고이 접고

일렁이는 사랑도 용서하고 매몰찬 파고도 이해하리라 다짐해도

겨울 바다는 더 깊은 사랑으로 넉넉히 기다려 줍니다

# 사랑하는 이를 기다리며

사랑하는 이여!
때늦은 가을 햇살은
세월의 때가 묻어 두꺼워진
내 마음을 뚫고 들어와
어둑어둑해진 상념의 그림자를
지워가고 있는 시간입니다
시간의 흐름을 너무 자주 들여다보며
어린애처럼 보채던 이내 마음을 부끄럽게 합니다

사랑하는 이여!
저 멀리서 차가워진 바닷물이 만들어 내는
몸부림이 유난히 사납게 느껴지는 계절입니다
겹겹이 돌아와 나목처럼 추운 나를 휘감아 돕니다
아직은 끝나지 않은 나의 시처럼 아쉬운데
계절의 세찬 발걸음이 천길만길 아득히 무너져 내립니다

사랑하는 이여!
이 섬뜩한 땅 위에 서서
붉게 물들어 가는 이내 사랑하는 이의 마음을
물끄러미 바라보고만 있습니다.
계절이 익어가며 떨어져 내 품에 안기울
사랑하는 이를 언제나이듯
세찬 바람을 맞으며 기다릴 겁니다

# 가 을

내 기다림은 가을의 길목에서였습니다
하여 마음은 까맣게 타들어 조막만해졌습니다
가끔은 강변에 흐르는 물안개 되고
때로는 차가운 가을 바다의 작은 파도가 되고
그러다가 어느 이른 아침에는 짙은 안개로
그리움의 열기를 한숨에 담아내기도 했습니다
가을의 열기가 식어갈 즈음에는
눈산 휘감아 도는 갈바람이 되어
사무쳐서 꺼져 가는 당신 영혼에
변하지 않을 약속으로 자리 잡습니다
다 보내 버리고도 허하지 않을 넉넉함이
연륜처럼 아름드리 사랑으로 버티고 서서
거리낌 없는 계절의 끝자락을 부여잡고
감정의 속살을 헤집어 내어 길 다하고
넋은 떠나지만 눈 녹고 따뜻한 바람 불면
다시 이어질 우리의 인연을 향하여

약속의 끈을 쥐어 주고 떠납니다

아, 서러운 가을이여!

# 행복한 날을 위하여

정결한 영으로 당신을 사모하고
잔잔히 머금은 미소로 마주 앉아서
따뜻한 찻잔에 고이 담기운 사랑의 향에
취할 수만 있다면
심장이 콩콩 뛰는 가슴으로 당신을 보듬어 안고
하루의 삶을 설렘으로 시작할 수 있다면
해질녘에는 두 손 마주 잡고 소박한 감사를
기도에 담을 수 있다면
쩔쩔 끓는 아랫목에 자리 깔고 누워
창가의 별을 헤며 사랑을 속삭이다가
당신 팔베개에 스르르 잠들 수만 있다면
나는 천상 행복한 사람입니다

# 첫눈이 내린 날

느닷없이 첫눈이 찾아온 날
온 세상에 순백의 그리움이 쌓여 갑니다
시간은 귀를 막고 세월의 길목을 막아서서
천금 같은 침묵으로 깊어 갑니다
자국자국 남겨진 당신과 나의 흔적들은
영원히 지워지지 않을 약속입니다
어느 곳 어드메쯤에 그리운 님 계시길래
그렇게도 사무치게 쏟아져 내리는가요
온 세상이 순결하게 덮여가는 시간에는
멀리서도 들리는 사랑의 숨결로 당신 귓가에
정섭게 속삭여 드릴 설레임도 함께 쌓여 갑니다
매몰찬 차가움에 두 손 다소곳이 모으고
가도 가도 다 갈 수 없는 하이얀 길을
순결한 영혼의 발자국으로 당신 가슴 속에 남기며
소복소복 걸어갑니다

# 나 목

어설픈 몸부림으로 당신에게 다가간 흔적이
흉터처럼 남아 있는 계절입니다
당신은 세차게 몰아붙이는 시간의 약속 앞에서
모든 것을 날려 보내 주고도 외로워하지 않으십니다
지난날 우리가 주고받았던 사랑의 언어들까지도
세찬 바람에 다 내어 주고 벗어 버린 온몸으로 겨울 바람을 맞으십니다
으스름 달빛은 밤을 새워 쓰다가 지우고 쓰다가 지운 나의 미완의 시처럼
쓰라린 가슴에 잔영으로 남아 아직은 다 보내 드리지 못한 내 마음인 양
외로이 나목에 걸터앉아 서럽게 내려앉는 어두움입니다
이제는 두 손 호호 불어가며 벗어 던진 낙엽 위에 한 자 한 자 새겨 나가던
사랑의 흔적으로 인하여 차마는 고개 들고 바라볼

수 없습니다
　너무나 추워진 계절의 끝자락을 붙잡고 선 외로운 나목처럼

## 사랑의 계절에

사랑이 포근히 다가오고
그리움이 잔잔히 밀려오는 계절입니다
이젠 있는 그대로를 사랑하면서
서로서로 마음이 닮아 가야 할
그래서 또 다른 우리를 만들어 가야 할
사랑의 계절입니다
때로는 사막의 거센 바람처럼
거칠게 불어 오는 사랑의 열기 앞에
두 손을 놓고 당신을 맞이했습니다
세상에서 오직 하나뿐인 당신
샘터 같은 순결한 눈동자에 내 자신을 던져 넣고는
가끔씩은 흔들리는 잎새 사이로
당신의 하얀 속살을 훔쳐봅니다
생각만 해도 가슴 설레는 소중한 당신을
이 사랑의 계절에는 아늑한 마음을
그리움의 찻잔에 띄워 두 손 따뜻이 보듬어 잡고

기다림에 가슴 태웠던 시간의 알갱이들을
한 알 한 알 스산히 누워 뒹구는 낙엽 위에
떨구어 놓고 지나가렵니다
이 가슴 아린 사랑의 계절에

## 나의 길

곤한 잠 속의 푸근함 같은 사랑이
당신의 가슴 속에 있습니다
그래서 나는 당신의 품에 안겨 쉬고 싶습니다
지치고 곤한 나그네를 보듬어 안고
당신은 내 어머님처럼 시린 내 등을 토닥여 주십시오
그래서 잠시 사랑의 품에서 쉬어 가게 하십시오
나는 오늘도 기다려 주는 이 없는 길을 갑니다
가서 나누어야 할 말은 태산 같은데
기다려 주는 이 하나 없습니다
그래도 나는 이것저것 추스려 모아
내 인생의 가방에 챙겨 넣고 떠나야 합니다
가을바람이 유난히 스산합니다
갈 곳이 없는 나그네는 가을이 깊어 가는 만큼 추워 갑니다
언젠가는 절절 끓는 아랫목에 차디찬 인생의 등짝을 녹이며

우리들의 사랑방에서 해야 할 말들을 만지작거립니다
그리고 어느 길목에서 또다시 만나야 할 사람의 가슴팍에다가
한 자 한 자 새겨 놓고 떠날 겁니다
꼭 남겨야 할 말들은 사랑의 언어로 예쁘게 포장하여
당신 가슴에 안겨 드리고 떠날 겁니다
아무 사연도 없이 묵묵히 길을 가는 이가 있습니다
뭔가 다르게 설명해야 할 이유가 있다고 여기며
고집스럽게 나의 길을 갑니다

## 이런 마음이게 하소서

내 마음이 기쁠 때에라도
드러내 놓고 너무 많이 기뻐하지 말게 하십시오
삶이 무너져 더 이상 버틸 수 없을 때에라도
너무 깊은 슬픔으로 눈물 보이지 않게 하십시오
내 마음에 견딜 수 없는 분노가 가득할 때에라도
너무 강한 노여움으로 쏟아내지 않게 하십시오
이 세상에 오직 나 하나뿐이라는 외로움이 엄습할 때에라도
언제라도 나는 당신만을 바라보게 하십시오
그래서 부요하고 그래서 평안하고 그래서 당당하게 하십시오
세상살이에 지치고 곤할 때에라도
늘 겸손과 절제와 인내로
마음을 다스리고 다듬어 가게 하십시오
그 어떤 자리에서도 치우쳐지지 않을 중심이 잡힌
삶의 용기를 이 여린 마음에 담아 주십시오
그래서 늘 이런 마음으로 살아가게 하십시오

# 그리움 1

가슴을 찢어 울어 대는
갈가마귀 울음소리에
또 한 번 계절이 몸부림을 합니다
밤하늘의 별보다도 많은 사연을
당신 몰래 작은 가슴에 하나하나 소중히 새겨 나갑니다
밤마다 그리움에 사무쳐 당신 이름 큰 소리로 부르면
밤하늘 별과 함께 무너져 내릴까 하여
소중히 보듬어 안고 겸손히 엎드립니다
내 마음에 고여 있는 그리움은
내 품에 안겨 있던 당신이 녹아내린 눈물인 것을!
당신이 그리워서 밤잠을 설치고
기다림에 지쳐서 애끊는 슬픔이라 해도
나는 당신을 사랑합니다
나는 당신을 기다립니다 피가 끓는 심장으로!
당신은 언제나 돌아가면 안기울 내 영혼의 고향입니다

# 내 마음 낙엽이 되어

아련한 봄날에는 희망을 노래하며
긴 여름날에는 푸르름에 도취되어 달렸습니다
서리 맞은 이내 마음을 갈퀴 되어 찍어 내는
지금은 싸늘한 가을입니다
하여 외롭습니다
언제쯤일까요
당신 머무는 그 곳에
영겁의 세월 붙잡고
뒹구는 낙엽에 피 같은 사연 새겨 넣어
내 마음 낙엽이 되어 당신 뜨락에 머물고 싶습니다

# 내 영혼은 당신과 함께

내 영혼의 한 부분은 당신과 함께 떠났습니다
차창 가에 흘러내리는 빗물처럼
런던의 아침 안개처럼 희미하게 와 닿는 모습들
시간의 여울목을 거슬러가면서
만남과 이별의 폭만큼이나
긴 한숨 속에 잉태된 그리움들이
지평선 저 너머에서 아득히 피어올라
가지런히 비어 있는 내 가슴 속에 쌓여 갑니다
모질게 내팽개쳐진 가을 잎사귀들이
때늦은 가을비에 젖어 울고 있습니다
그리운 이의 모습 속에 담겨진 사랑의 깊이만큼
무거운 마음으로 또 한 계절의 담벼락을 넘어갑니다
이국의 가을은 그래서 더 추운가 봅니다
버버리 코트의 깃을 올리고서도
깊숙이 주머니에 꽂아 넣은 두 손에는
비어 있는 마음만큼이나 허전합니다

이 이별의 계절에

내 영혼의 한 부분이 당신에게로 떠났습니다

# 그리움 2

어둑한 모퉁이 한켠에
내 마음이 머무는 곳
그 곳에 당신이 있습니다
밤하늘 별들이 다 잠들어
칠흑 같은 밤
두레박으로 퍼 올린
초승달빛 한 줌이
외로운 나그네 길에
등불입니다

# 타향살이

고독한 미소로
무겁게 이국의 하늘을 이고도
살아 있다는 것은
아직은 작은 희망의 끈을 놓지 않았기
때문인 것을

가끔씩 길을 걸으면서도
뒤돌아보지 않는 까닭은
두고 온 고향 땅 삼켜 버릴 수 없는
사연이
가슴 한켠에 걸려 있기 때문인 것을

아무른 연고 없이도
가슴 쓸어내리는 사연은
속 깊이 묻어 둔 설움의 옷자락으로
눈먼 가슴을 쓸어내릴 수 있기 때문인 것을

긴 그리움의 끝자락에서 다가오는
내일을 맞으면서도
질긴 목숨 같은 이 땅에 엎드려
회한의 눈물 쏟아 내지 못하는 사연은
아직도 가슴 속에 고여 있는
샘물 같은 생의 애착이 바닥나지 않은
까닭인 것을!

## 가을 서정

가끔씩 왔다가 되돌아가는 길목 같은 생각들
한 번쯤은 내 인생의 나뭇가지에 앉았다 갈 법한 당신 때문에
나는 오늘도 열병 같은 그리움을 태워가고 있습니다
철새처럼 한번 가고 나면 기약 없는 사람 아니면
기다림의 긴 한숨을 쉬지 않아도 되겠지만
언젠가는 가까스로 와 닿는 개여울 같은 만남 때문에
이 가을에 나는 또 한 번의 몸부림을 합니다
새벽안개처럼 아늑하게 다가왔다 사라져 가는 당신
이 가을에는 나의 나목에 한 잎 남은 잎새처럼
당신의 마음을 담아 두고 싶습니다
그리워하는 이의 가슴은 타고 타고 타다가
한 줌 외로움으로 남습니다
한 계절의 담을 넘어 다시 그리운 이의
초상을 볼 때까지
나의 나무는 두터운 겨울옷을 입고 기다릴 겁니다

그리고 겨울 외투의 깃을 세우고
두 손을 깊숙이 주머니에 꽂아 넣고
밤알 같은 당신의 이름을 만지작거리며
스산히 남겨진 이 거리를 혼자서 걸어갈 겁니다
마지막 남은 한 잎까지 떨어져 나가야 할
나의 나목의 거리를

# 이민자의 초상

시간의 때가 묻어
초췌한 모습으로
멀거니 서서
지나는 이들의 설움을 본다
가슴이 아려오는 아픔을 짓누르고
늦가을 여울물처럼 바쁜 마음으로
조각조각난 생각의 파편들을 모아서
고향 없는 이들을 위하여
또 한 편의 따뜻한 시를 쓰고 싶다

# 달무리

몹시도 곤한 날이네
몸도 마음도
이른 새벽 일어나 앉으니
사랑하는 이의 초상이
달무리에 겹쳐 떠오르네
어둠을 밟고 지나서야 바라보는
찬란한 별빛
그리움의 짙은 그림자가 드리운
아늑한 잠자리를 털고 일어나
속을 시커멓게 태우며
심지를 질기게 만들어야
곤하고 지친 사람들에게
어둠을 밝히는 불꽃이 될 거라는
소박한 기도를 올리네
안개와 새벽달을 감싸고 있는
달무리에 취하여서

# 초겨울의 단상

수액이 더 이상 올라가지 않아 메말라 가는 가지에
차가운 기운이 섬뜩이며 에워싸고 지나간다
기다림에 지쳐서 생명 줄을 놓아 버린 잎새들은
속이 타고 타서 핏발 선 눈빛으로 내려앉는 계절
그 질긴 인연 허무하게 보내 주어야 할 시간
목 놓아 울어 제껴도 시원치 않을 이별 앞에서도
뜨거운 열기로 되돌아와서
텅 빈 가슴에 따뜻함으로 담겨질 비명 같은 외마디!
그 속에 내 사랑의 씨앗이 소중히 담겨 있다

# 나일 강 가에 서서

갈잎이 서걱이는 나일 강 가에 서서
긴 속눈썹 내리고
흐르는 강물에 한을 씻는
고운 여인의 자태를 본다
미리암의 가슴에 새겨진
살아서는 결코 지울 수 없는
한 맺힌 삶의 흔적들
역청 소쿠리에 담아
철없는 생명이 흐르던 나일 강이여!
그대 품에 보듬어 안았던 이스라엘이여!
갈잎 일렁이는
고운 여인의 지태가
짙푸른 달빛에 그림자를 세운다

# 가을 나그네

가난한 이의 옷자락처럼
꼬깃꼬깃한 삶을 여미며
또 한 번의 여행을 떠난다
가도 가도 끝이 없는 길을
괜스레 부푼 가슴으로 떠난다
가을은 떠나는 계절이라 했던가?
우수처럼 왔다가 떠나는 이들의 발자국 소리만
요란한 길목에는
갈가마귀 한 맺힌 울음이 쌓여 가고
나그네 가슴에 맴도는 그리움이
낙엽처럼 흩어져 뒹군다
이 계절에 떠나는 이여!
또 한 번의 몸부림을 치는가

# 사 랑

견디기조차 힘든
삶의 무게를
온몸으로 받으며
고통의 열기를 토해낼 때
당신을 보듬어 안고 등을 토닥이는
사랑이게 하십시오

온 세상이 지쳐서
곤한 신음을 낼 때라도
따뜻함으로 위로할 수 있는 마음으로
당신 곁에 서게 하십시오

지친 나그네 길
넘어지고 쓰러질 때
손 내밀어 당신을 일으켜 세우고
다치고 상한 마음을 어루만지는

부드럽고 따뜻한 손 되게 하십시오

삶은 언제나 힘들고 곤한 여정인 것을
깨닫는 지혜로
누군가의 기다림이 되어 주고
돌아가면 포근하게
안기울 품이 되게 하십시오

그 사랑으로 어두워진 세상을 밝히는
맑은 빛이 되게 하십시오

# 기 도

소유로 채워진 마음보다
비어 있어서 더 순결한 사랑이게 하소서
받아서 채워지는 가슴보다
아낌없이 주어서 행복해지는 가슴이게 하소서
속절없이 흐르는 강물처럼
천년을 흘러 변하지 않을 사랑이게 하소서

진실을 위해 자신을 다듬어 가는
지혜를 주시고
바람에 흔들리는 작은 잎새라도
한없이 보듬어 안을 수 있는 넓은 가슴이게 하소서

잠깐 흔들려 갈대로 살지라도
생명 앞에서는 강한 모습이게 하소서
처절한 고독 앞에서나
지고한 사랑 앞에서는 언제나
겸허하고 순결한 영혼이게 하소서

# 동백섬

가끔씩 왔다가 되돌아가는 길목에는
빈자리를 메워 나가는 슬픔이 남고
조각난 꿈 조각조각들이
바닷물에 풀어놓은 가녀린 아녀자의 한숨에 모인다
기다림에 지친 섬 처녀 구슬픈 사랑 노래가
동백섬 기슭에 스며들 때면
제 설움에 겨운 외기러기 흐느낌만
안개처럼 피어오른다

# 당신에게로 가는 길

오늘도 당신이 오는 길목에 서서
다 하지 못한 말들은 차곡차곡 쌓아 놓습니다
바다가 육지라면 얼마나 좋을까요
단숨에라도 달려가 기다림의 대문을 두드릴 수 있을 텐데
당신 그리움에 목메게 불렀던 이름을
어눌한 말과 함께 바람결에 실어 보냅니다
언제쯤일까요
아무 일 없었다는 듯 마주앉아 입꼬리 눈꼬리 치켜 세우며
마음의 속살을 보여 줄 날이 언제쯤일까요
시리도록 차갑게 몰아쳐 온 갈바람결에
못다 한 사랑 실어 보내오니
잠결에라도 잎새에 잔바람 일거들랑
님 그리던 제 마음이라 여기시고
당신 창가에 한 줄기 초승달 머물거든

님 그려 지친 제 마음인 양 반겨 주소서
당신에게로 가는 길
아직도 먼 길입니다

# 기다림 2

그토록 푸르던 잎새가
기다림에 익어서 붉게 물드는 시간
나는 오늘도 멀어져 간 당신으로 인하여
가을에 물들어 가네
살아간다는 것
기약 없는 기다림으로
손을 내밀어도 늘 와 닿지 않는
당신을 향하여 목말라하며
빨갛게 물들어 가는 시간의 몸부림인 것을

# 가을 들녘에 선 허수아비

차갑게 식어 가는 저 대지 위에
검게 그을린 영혼의 노래가 내려앉는데
거짓 없는 계절의 약속은 두터운 옷을 걸치고
가을바람은 해맑은 별을 담아 서러운 이의 가슴을 채운다
검게 짙어 가는 그리움에도 오는 이 하나 없고
기다림은 시린 고독으로 비틀거리는 계절
무너져 내리는 기다림도 늦가을 들녘에 외로이 서서
다시는 오지 말라고 빈손을 휘저으며
혼자서도 차디찬 바람의 거친 숨소리에 지쳐 가는 계절
이 계절의 길목에 서서 서럽게 부르는 가을의 노래

시 평

# 순결한 마음의 세계를 추구… 백요섭의 시

최 규 창(시인)

I

백요섭은 '성직자(목사)' 이면서 '시인' 이다. 그는 미국 씨애틀에서 목회하면서 시작 활동을 계속하고 있다. 1998년에는 제3회 이민문학상을 수상하였고, 제4회 뿌리문학상도 수상했었다.

'목사 시인' 인 백요섭의 시는 서정성이 주류를 이루고 있다. 그의 시가 깊은 감동을 주는 것도 서정성 때문이다. 대부분의 목사 시인들의 시들은 관념적이면서도 추상적인 언어로 일관되어 있지만, 그의 시에서는 그러한 흔적을 찾아볼 수 없다. 특히 성경의 생경한 언어를 그대로 표현하지도 않는다. 그것은 신앙의 육화에서 형상화된 시들이기 때문이다. 그의 시들은 신앙의 육화된 시어로 구성되어 있으며, 우리의 심성 깊은 곳의 서정성을 그대로 형상화한 것이다. 그래서 그의 대부분의 시들은 신앙의 결과인 순결한 마음의 세계를 추구한다.

어둑한 모퉁이 한켠에
내 마음이 머무는 곳
그 곳에 당신이 있습니다.
밤하늘 별들이 다 잠들어
칠흑 같은 밤
두레박으로 퍼 올린
초승달빛 한 줌이
외로운 나그네 길에
등불입니다

—「그리움 2」의 전문

이 시는 시적 구성이나 발상, 그리고 이미지의 전개 등 시의 틀이 견고하다. 그의 시 중 대표할 만한 작품이다. 이 시에서 '당신'은 '등불'이다. 즉 '당신=등불'로 등식화할 수 있다. '당신'을 '등불'로 이끌어 낼 수 있는 것은 깊은 사색의 연유에서 비롯된 것이다. "어둑한 모퉁이 한켠에/ 내 마음이 머무는 곳/ 그 곳에 당신이 있습니다"란 구절은 깊은 생각을 주고 있다. '어둑한 모퉁이' 가 주는 심상은 우리의 삶 속에서 '밝음' 보다는 '어둠' 의 이미지이다. '외로움' 이나 '아픔' , 그리고 '그리움' 이다. 이러한 삶 속에서의 시적 화자는 희망으로 형상화한다. 그것은 그리움의 대상인 '당신' 으로 지칭하고 있다.

이 시에서 '당신' 이나 '등불' 은 일상적 시어로 이해해도, 어떤 무리도 있을 수 없다. 그러나 면밀히 분석하면 신앙의 삶 속에서 육화된 시어이다. '당신' 을 '하나님' 이나 '주님' 으로 표현할 수도 있지만, '당신' 으로 표현한 것이 시적 가치성과 감동을 더해 주고 있다. 바로 기독교시, 즉 신앙시가 지향해야 할 점을 그대로 심화시키고 있다.

한국 기독교시가 시적 가치성을 획득하지 못하고 있는 것은 신앙의 육화로 형상화하지 않기 때문이다. 1908년 육당 최남선이 《소년》에 「해에게서 소년에게」란 시를 발표한 것이 현대시의 시작이었다. 그 당시 현대시의 출발은 기독교의 영향을 다분히 받았었다. 기독교가 이 땅에 들어오고, 기독교의 계몽사상이나 찬송가 등 기독교 문화의 흐름은 대변혁을 가져왔기 때문이다. 그러나 한국 시문학사에서 한국 기독교시의 위치는 아직도 논의할 수 없을 만큼 미미한 상황이다. 그것은 대부분의 한국 기독교시가 성경의 한 구절을 인용한 듯한 시들이기 때문이다.

백요섭의 시들은, 윤동주의 「서시」나 김현승의 「절대 신앙」, 박목월의「어머니에의 기도」나 황금찬의「촛불」 등에서 볼 수 있는 것처럼 신앙의 육화된 언어로 형상화한 것이 특징이다. 목사 시인이면서도 관념적이거나 상투적인 신앙의 언어를 시어로 사용하지 않고 있다. 그의 시에는 기독교가 추구해야 할 '사랑'과 '구원' 등 시적 형상화로 확대되고 있다. 그것은 신앙 그 자체가 생활화되고, 일상의 삶 속에서 신앙의 언어를 용해시키고 있기 때문이다.

II

백요섭의 시 중에는 '그리움'을 주제로 고국을 향한 마음을 노래한 것이 있다. 이국 생활에서 고국을 그리워한다. 고국의 산과 바다, 그리고 고국의 모든 것을 시적 대상으로 형상화한다. 그의 시에는 고국의 서정, 즉 아름다움과 슬픔이 있으며 고국을 사랑하는 마음이 담겨져 있다.

문득 가던 발걸음을 멈추고 서서
뒤를 돌아보노라면 나는 어느새
멀리 떠나 버린 그리운 고향 집 앞에 다다릅니다
그리움에 묻어오는 가을 내음이 한 움큼 추억이 되어
비어 있는 가슴으로 파고듭니다.
뒷산 능선에서 하늘거리는 억새는

지금도 하얀 속살을 드러내 놓고도 태연히 춤추고 있을까요?
억새숲 속에 나란히 묻혀 앉아서 두 손 맞잡았던 그 소녀는
아직도 해맑게 나를 바라보며 웃고 있겠지요.
내 고향은 그래서 가을에 더 그립습니다.
그래서 내 고향은 가을에 더 가까이 다가옵니다.
한여름 내내 동구 밖을 버티고 섰던 고목의 붉게 충혈된 낙엽이
살점처럼 떨어져 뒹굴며 동장군이 들이닥치기 전에
불러야 할 장렬하고도 슬픈 노래 소리가 내 영혼에 들려옵니다.
이국의 가을이 옷자락을 여미며 담벼락에 기대어 서서
그리움의 담배 연기를 한입 가득 피워 올립니다.

—「고향의 가을」의 전문

이 시는 이국땅에서 고향의 가을을 그리워한다. "문득 가던 발걸음을 멈추고 서서/ 뒤를 돌아보노라면 나는 어느새/ 멀리 떠나 버린 그리운 고향 집 앞에 다다릅니다"라고 고백한다. '뒤를 돌아보면 고향 집에 다다른다'는 고백은 고향을 향한 절절한 마음을 그대로 표현한 것이다. 또한 "그리움에 묻어오는 가을 내음이 한 움큼 추억이 되어/ 비어 있는 가슴으로 파고듭니다"라고 가을이 주는 그리움과 외로움을 고향

의 추억으로 대치시킨다. '비어 있는 가슴' 의 공간은 고향을 떠난 허전함이다. 가을은 비어 있는 가슴을 고향의 추억으로 채워 주고 있다. 뒷산 능선의 억새, 그 억새숲 속에서 두 손을 맞잡았던 소녀, 그리고 동구 밖에 서 있는 고목의 낙엽 등 고향에 대한 아름다운 추억이다. 이국 생활 속에서 그 추억을 떠올리는 것은 고향에 대한 그리움이 절정에 있음을 감지할 수 있다.

「기다림도 행복입니다」란 시에서도 '기다림' 과 '그리움' 이 절정에 다다르고 있음을 볼 수 있다.

당신을 그리면 당신은 어느새
해맑은 미소로 따뜻이 내 마음에 담겨옵니다.
태평양 바다를 건너서 쪽빛 그리움으로
익어 가는 기다림이 내겐 또 하나의 행복입니다.
기다림만큼 소중한 사랑으로
속앓이한 만큼 애절한 그리움으로
나의 당신은 맑고 하이얀 눈꽃입니다.
오늘에서야 당신을 향한 그리움이
고통이 아니라 행복인 것을 일았습니다.
애끓는 아픔으로 몸부림친 시간이
당신을 사랑한 내 마음의 열정인 것을
오늘에서야 알았습니다

하여 내 당신이여, 기다림도 내겐 행복입니다

—「기다림도 행복입니다」의 전문

이 시에서 "쪽빛 그리움"이나 "익어 가는 기다림", 그리고 "애절한 그리움"은 이국 생활 속에서의 그리움에 대한 농도이다. '그리움'과 '기다림'을 '행복'으로 여기는 것은 깊은 사유의 인식에서 비롯된다. 그것은 절정에 다다른 '그리움'과 '기다림'이 주는 결과이다. '애끓는 아픔으로 몸부림친 시간'이 '행복'으로 환원되고 있기 때문이다.

"시간의 때가 묻어/ 초췌한 모습으로/ 멀거니 서서"(「이민자의 초상」에서)나 "이 가을에는 나의 나목에 한 잎 남은 잎새처럼/ 당신의 마음을 담아 두고 싶습니다/ 그리워하는 이의 가슴은 타고 타고 타다가/ 한 줌 외로움으로 남습니다"(「가을 서정」에서)는 이국 생활 속에서의 애환과 그리움을 형상화했다. 특히 "고독한 미소로/ 무겁게 이국의 하늘을 이고도/ 살아 있다는 것은/ 아직은 작은 희망의 끈을 놓지 않았기/ 때문인 것을"(「타향살이」에서) 하고 고백한다. 이러한 그의 시는 이국 생활의 애환과 고국에 대한 그리움이 절정에 다다르고 있음을 보여 준다.

III

소유로 채워진 마음보다
비어 있어서 더 순결한 사랑이게 하소서
받아서 채워지는 가슴보다
아낌없이 주어서 행복해지는 가슴이게 하소서
속절없이 흐르는 강물처럼
천년을 흘러 변하지 않을 사랑이게 하소서

진실을 위해 자신을 다듬어 가는
지혜를 주시고
바람에 흔들리는 작은 잎새라도
한없이 보듬어 안을 수 있는 넓은 가슴이게 하소서

잠깐 흔들려 갈대로 살지라도
생명 앞에서는 강한 모습이게 하소서
처절한 고독 앞에서나
지고한 사랑 앞에서는 언제나
겸허하고 순결한 영혼이게 하소서

—「기도」의 전문

이 시는 신앙의 삶에 대한 길을 제시한다. 신앙의 길을 가르쳐 준다. 이 한 편의 시로 바른 삶을 영위할 수 있도록 한다. "소유로 채워진 마음보다/ 비어 있어서 더 순결한 사랑이게 하소서"라고 기도하는 것은 깊은 사유에서 연유한 것이다. 소유로 채워진 마음은 욕심의 산물이다. 그 욕심으로 채워지는 것보다 비어 있어서 더 순결한 사랑일 수 있다. 그것은 깨달음에서 비롯될 수 있음을 가르쳐 준다. 이 시는 구절마다 깊은 사유에서 얻어지는 잠언적 가르침이다. 어느 시인의 기도시보다 시적 구성이 분명히 짜여져 있고, 간결함과 기도의 내용이 질서를 유지하고 있다.

느닷없이 첫눈이  찾아온 날
온 세상에 순백의 그리움이 쌓여 갑니다
시간은 귀를 막고 세월의 길목을 막아서서
천금 같은 침묵으로 깊어 갑니다.
자국자국 남겨진 당신과 나의 흔적들은
영원히 지워지지 않을 약속입니다
어느 곳 어드메쯤에 그리운 님 계시길래
그렇게도 사무치게 쏟아져 내리는가요
온 세상이 순결하게 덮여가는 시간에는
멀리서도 들리는 사랑의 숨결로 당신 귓가에
정겹게 속삭여 드릴 설레임도 함께 쌓여 갑니다.
매몰찬 차가움에 두 손 다소곳이 모으고
가도 가도 갈 수 없는 하이얀 길을

순결한 영혼의 발자국으로 당신 가슴 속에 남기며
소복소복 걸어갑니다

—「첫눈이 내린 날」의 전문

이 시는 순결한 마음을 노래한다. 하얀 눈이 주는 순결함은 삶의 흔적으로 형상화했다. 특히 "자국자국 남겨진 당신과 나의 흔적들은/ 영원히 지워지지 않을 약속입니다"라고 고백한다. 순결한 마음의 흔적이다. 또한 "순결한 영혼의 발자국으로 당신 가슴 속에 남기며/ 소복소복 걸어갑니다"는 신앙을 통한 순결한 마음에서 연유한 것이다. 그것은 신앙인의 길이다.

그의 어느 시를 보아도 순결한 이미지를 발견할 수 있다. 그의 시는 순수한 마음, 즉 순결한 마음에서 출발한다. "깊숙이 주머니에 꽂아 넣은 두 손에는/ 비어 있는 마음만큼이나 허전합니다/ 이 이별의 계절에/ 내 영혼의 한 부분이 당신에게로 떠났습니다"(「내 영혼은 당신과 함께」에서)처럼 '비어 있는 마음'의 순결함을 보여 준다. 그래서 "내 영혼의 한 부분이 당신에게로 떠났습니다"라고 고백할 수 있는 것이다. 또한 「나목」에서도 "어설픈 몸부림으로 당신에게 다가간 흔적이/ 흉터처럼 남아 있는 계절입니다" 하고 깨달을 수 있다. 순결한 마음은 어떤 흔적도 쉽게 발견할 수 있기 때문이다.

이러한 백요섭의 시는 서정시의 틀을 그대로 유지하면서 기독교시의 정도를 가고 있다. 신앙의 깊은 사유에서 형상화되고, 시의 예술성과 가치성을 획득하고 있다. 그것은 신앙의 육화에서 얻은 시어 때문이다.